NO FINAL DESTA ESTRADA, BEM ATRÁS DAS MONTANHAS...

... ESTÁ A FAZENDINHA DO JOCA.

ELE TEM MUITOS ANIMAIS...

A GALINHA E O GALO CUIDAM DE SEUS PINTINHOS.

JOCA RECOLHE OS OVINHOS TODOS OS DIAS.

AS ABELHINHAS PRODUZEM O MEL.

OS PATINHOS SEGUEM OS MAIORES...

.. ATÉ O LOCAL PARA SEREM ALIMENTADOS POR LINO.

O BURRO E O CAVALO AJUDAM A LEVAR AS ENTREGAS.

OS ANIMAIS CONVIVEM EM HRMONIA NA FAZENDA.

AS OVELHINHAS DÃO LÃ PARA ESQUENTAR O JOCA NO INVERNO.

O COELHINHO NÃO DISPENSA UMA BOA CENOURA.

O PERU ESTÁ SEMPRE CANTANDO GLU-GLU-GLU.

**E VEJAM SÓ! OS PERUS E OS GANSOS TÊM NOVOS OVINHOS!
QUE DIA FELIZ!**

TODOS VIVEM FELIZES, COM MUITO TRABALHO A FAZER.